만인시인선·73

시간꽃이 피었네

김정실 시집

시간꽃이 피었네

만인사

시인의 말

삶이란 어느 누구에게나 있어서 그리 호락호락한 길은 아니다. 차이는 있으나 그 안에는 늘 복병이란 놈이 숨어 있다가 우리를 흔들어놓곤 한다.

어릴적 겨울밤 화롯가에 앉아 탁탁 알밤이 익어가는 시간과 할머니의 이야기에 귀를 쫑긋거렸던 기억이 첫시집을 이룬 핵심 주제이다. 이제 화롯가에서 들었던 어린날의 이야기를 담은 시간꽃을 피워서 새순같은 손자들에게 전해주고 싶다.

2025년
새봄날에

차 례

2

차 례

3

4

차 례

5

1

봄날

내가 봄날이었을 때 문 밖 저쪽에 꽃들이 있는 줄 알았다. 내가 토한 빛에 물들어 꼬물꼬물 기어나오는 모습, 색깔의 물결 타고 서성이면서 시간꽃 피었다.

왼쪽 가슴에 손수건 달고
여덟 살배기 아이도 아닌데
손목 잡히어 들어서는
쿵쾅쿵쾅 심장소리 들려오는
노란 봄날이었다.

봄길

목덜미에 스미는
꽃샘추위 매섭다.
한껏 어깨 올렸는데
노란 아지랑이 아른아른
바람 따라 오르고 있다.

생강나무
산수유 개나리
잎 나오기 전
서로가 먼저라고
바람에게 알리며
희망의 빛으로 온다.

새순

겨울 내내 잠자는 땅이
팔삭둥이 달에
기지개 켜기 시작해
밤낮 활발하게 움직여
땅속 세상 황금빛으로 가꾸어
쏙 올려놓은 노란 새순들
빛이고 힘인 줄 몰랐고
따뜻한 사랑임을
그 옛날에는 몰랐는데
세월 지나 이제야 그 새순들
생의 시작임을 알겠다.

코로나 감옥

매화가 향기를 전하자
납매와 노란 복수초
얼굴 내밀었다.

봄 마냥 설레는 마음인데
코로나19 이름 예뻐 새로 나온
신종 자동차 이름인줄 알았는데
사회적 거리두기로
창살 없는 감옥 만들었다.

지구는 지구대로
우리는 우리대로
떨어질 수 없는 너와 나
서로 살겠다고 바둥거렸다.

씨앗 한 알

밤보다 낮이 길어진다는 오늘 창으로 들어오는 햇살 마냥 따사롭게 퍼지며 빤짝이는데 지구촌 한쪽 전쟁의 포화 속에 봄햇살 보다 더 따뜻한 손길에 울컥한다.

우리는 생각이 같지 않다고
마구 밟고 씹어대지 말고
제 마음에 따뜻한 씨앗 한 알
알찬 열매 맺도록 바로 시작하자
점점 길어지는 낮시간에

봄앓이

눈 천국인데
이곳 저곳에서
봄이 온다고 설레는 소리 들으며
의사에게 받아든 진단서

—마음을 편안히 가지세요.
—생활이 다르고 생각이 다른데 내 마음 어찌 알리.

선배 만나서 헛소리 아닌 헛소리 읊었다.
돌아오는 조용한 대답
—우리 집 매화가 조금 일찍 피었네.

그대 봄앓이도 이르다고
그럼 살아있다는 증거
마음인가 몸살인가.

순간

오월 끝자락
일요일

횡단보도 신호등
나를 붙들고 있다.

타야할 버스 오고 있는데
찰라가 오늘도
삶의 순간 움직이고 있다.

아카시아 향기
코 끝에 와 닿는다.

서로 모른다

꽃향기가 물신 풍기는 봄날
모임 갖는 회원들 함께 자리했다.
이런 저런 이야기 끝머리에서
애살스럽다고 했더니
신이 인간에게 숨겨놓은 본능
손톱, 발톱, 이빨 드러낼 것은
모두 드러내며 으르렁거려
오랫동안 슬펐다.

그대를 어쩌면 좋으랴
담겨진 의미와 깊은 뜻 모르는
사탕 발린 칭찬에만 아직도 팔랑귀
아집이 먹통 불통이 되어
그대도 모르는 서슬퍼런 칼날이라는 것

낮은대로 놓아둔 마음
그대가 늘 찾는 백팔기도
나무아미타불 관세음보살

드러낸 모든 것
애살이 정말로 애옥살이 되어
봄날의 황사 어지럽게 일고 있다.

개망초처럼

숲길 걷고 있다.

알아주지도 쳐다보지도 않은 잡풀 속
천연덕스럽게 흔들리며 웃고 있는 개망초
한참 바라보다 떠오른 생각

어느 우시장
직업이 새김질하는 사람
사람을 보면 나이와 몸무게로
등급을 매겨본다고 했다.
몸무게 많이 나가고 뱃살이 없을수록
A+++등급

어제 오늘은 물론이고 내일도
그리고 또 내일, 내일
세상은 온통 사람을
어느 곳 어디서든지 누가 언제부터
어떻게 해서인지 알 수 없지만

A+++는 VIP
A++++는 VVIP

너는, 또 나는
개망초
흔들리면서 웃고 있다.

별을 보며

점성술사들 별자리로 하늘과 땅 하나로 이루어져 있다고 했다. 세 사람의 동방박사 우물에 비치는 별자리를 보고 순례길 떠났다.

국자모양의 별자리를
우리는 북두칠성이 말하고
중국은 나무쟁기라고 불렀고
유럽인들은 짐수레 마차라 이름 붙여
서로들 우주의 기운 받아들여
간절한 마음으로 소원 빌었다.

가을밤 별들을 바라보며
무엇을 어떻게 청할까
마음과 생각은 깊어만 가는데
어느새 개밥바라기별이
나를 내려다보고 있다.

12월

뒤돌아보게 한다.
서걱서걱 일어서는 바람소리
절임배추 주문 택배 받고
편한 세상이라는데
무언지 모르게 쫓기는 것 같다.

어린이 놀이터
잎 다진 미루나무 꼭대기
텅 빈 까치둥지
저렇게 비워지는 마음
누가 할 수 있을까?

마음에 재워둔 시간들
꾸역꾸역 안으로 다독이는 마음
알다가도 모르겠구나.

가부좌

지구도 스스로 살기 위해 있는 힘 다해 뜨거운 열기 내뿜더니 어느새 땡볕 열기 숨어들자 순간순간 어지럽고 복잡하게 이어지는 나날들, 나를 다독이려 가부좌로 앉아 유채꽃의 밝은 웃음 청보리밭의 싱그러움 코스모스가 흔들리고 있는 금호강 물길 따라 가고 있다.

세상의 모든 것
물길 따라
바람 따라 가고 있다.

2

거울 앞에 서서

열심히 닦아내려 했다.
잘 보려고 촛불 켰다.
더 잘 보려고 어젯자국 선명하고
그저께 그그저께 그 옛날
쓰디쓴 웃음 머금고 넘어가려 하자
반짝 빛 발하며 회오리 인다.

왼쪽 가슴에 박히던 가시들
오른쪽 어깨 짓눌렀던 일들
얽히고 설켜 일어서는 각角
맑게 다시 마음 닦는다.

새해 아침

창조주 세상 문 여시고
소복소복 쌓이는 함박눈
새날 새아침 주셨는데
새벽 알리는 깨끗한 소리

웃는 마음 웃는 얼굴로
서로가 서로 사랑하게 되어
다독거려 쌓아온 꿈들 찾아가는데
힘찬 날개짓 열어주고 있다.

너 안에 나
그 안에 우리
끝에서 끝까지
이어지는 우리의 바람
그 앞에 우뚝 선
새해여!

다시 새해

범 내려온다.
범 내려온지 엊그제 같은데
사흘밤 자고나면 예쁜 토끼님
깡충깡충 뛰면서
함께 하자고 인사한다.

"그래, 함께 하자."

따스함이 물 흐르듯 스며 들어
마음 열고 어깨와 허리 펴서
맑은 하늘 신선한 바람
마음껏 마시고
서로 서로 마주하며
환하게 웃자.

일어나라 깨어나라

여기저기 봄기지개
잠에서 깨어나는 소리
가지마다 새움 트는데
스스로 세월 놓아놓고 화들짝 놀라
빈 마음 하늘 향한다.

올려다보는 허허로운 마음
내려다보고 있는 하늘 바다
해말간 맑은 빛 내리면서
일어나라, 깨어나라.

어제는 어제고
오늘은 다시 새날이다.
모든 것 네 것이다.

일깨우는 하루

낯밤의 길이가 같은 날
온종일 봄비 내렸다.

밤 사이 뚝 기온이
성당문 들어서는데
찬바람이 등짝을 때린다.

자리에 앉아 두손 모아 성호를 그었다.

떠오르는 얼굴들
가신 분들과 살아있는 자
영원한 것은 없지만
기도실은 감사함
살아가는 자의
하루를 일깨운다.

환한 빛

봄감기 지독하다.
황사 바람 심한 날
문에 들어서는 초등학교 오학년 아이
손부터 깨끗하게 씻고 우유 마셔라 했다.

"손보다 마음을 깨끗이 씻어야 병들지 않지."

신문과 방송
아이도 읽고 귀 기울여 들었는지
돌아가는 세상 아는가보다.

여러 일들 황사바람 어지럽고
무서운 독감 번지고 있는 것 같지만
하루하루는 어린 새싹들
환한 빛으로 일어서고 있다.

내 앞의 저 산

어떤 말 하지 않지만
시지 모아래병원
묵묵히 내려다보는 성암산
옛날이나 지금이나 여전하다.

창문 너머
한세월 모습들
살아있어도 산이요
죽어서도 산이 되는 자들
잦아지는 숨소리 붙들고
스스로 달래고 있다.

내 앞의 저 산
오늘 하루해도
말 없는 저 산

할아버지 말씀

떨어진 잎들 제 갈 길을 잃고 그대로 뒹굴면서 밟히고 있다. 바람이 세차다, 창틀이 울고 있다. 겨울이 저물어 들고 있는가 보다. 할아버지 화롯불에 옹기종기 앉아 문풍지 바람소리 들어가며 들었던 이야기 "세상에서 가장 무서운 것은 무엇인지 아냐" 어깨를 귀밑까지 올린 두 남동생 "호랑이, 사자, 여우, 늑대, 도깨비, 머리 풀어헤친 귀신" 나는 목까지 이불을 끌어올렸다.

"아니다 사람이야, 사람" 할아버지 말씀에 초롱한 눈망울 말똥말똥 서로 얼굴 쳐다보며 좌우로 머리 돌리며 입은 쫑긋 손은 화롯불에 녹였는데 이제서야 알겠다.

그 말씀 그 뜻

바람이 다시 인다.

할머니 말씀

할머니 가끔 말씀하셨다.

따뜻한 안방 아랫목 할머니는 검은 보자기 덮어쓴 콩나물시루 살짝 걷고 손자 어르듯 물주면서 토실토실 바르게 쑥쑥 잘 자라라 철부지 손녀 까르르 까르르 웃음 터뜨렸다.

화롯불에 넣어둔 인두
푸푸 두어 번 물 뿜으며
저고리 동정 깃 소매 끝 다리며
오래 입을 수 있겠구나
부젓가락으로 다독다독 불 덮으며
바람이 불 적마다
세상은 한 번씩 안개 속이 되어
서로에게 목청을 세웠다.
그 옛날이나 지금에도

좋은 날

밤새 봄비 소리
가물가물 꿈속 헤매다
떠오른 해 받아 안고
앞산 올레길 따라 걷는다.

훅 올라오는 흙냄새
풋풋한 들풀과 나무 향기
내 살아있음을 알게 하고
온몸에 생기 안겨준다.

추위에 얼었던 마음의 뿌리
봄비 내린 흙속에 발 딛고 서서
쑥쑥 들풀들 얼굴 내밀고
마음 풀어내라고 나무가지 뻗는다.

이렇게 좋은 날
나는 내 안에 가두어 두었던
봄 풀어내고 있다.

한 남자

가진 것을 놓아버리고 허허로운 마음 되어 수성못가 계절이 지나가는 벤치에 앉아있다. 한 남자 알 수 없는 그리움 안고 묻어나는 모든 일들 젊음을 걸고 일했던 그 때 보상이 미래를 다졌다. 지나간 그 시간들 만나고 싶다.

그 일들을
바람이 호수에 물결을 이룬다.
잠시 구름이 해 가린다.
한세월이 지나간 듯하다.

아니야, 아니야

온몸에 힘이 쑥 빠지자
젖어 떨어지는 가랑잎처럼
그 자리에 풀썩 주저앉아
더듬이 세워 넉넉했던
저녁으로 거슬러 오르고 있다.

불꽃놀이만큼 솟아오르던 일들
틀림없이 모아둔 활자들
생각이 텅 비어옴이 인식되어
이럴 수도 있구나
그럴 수도 있구나

소름 돋고 무서움이 인다.
요즈음에 아니 어제한 일 비어지는 것은
중얼거림으로 이어지고

훌훌 벗어버린 계절 앞에선
산미이라

맙소사 아직은 아니야, 아니야
소박하면서도 가장 큰
기억의 언덕 붙잡고 등을 켠다.

내가 부르는 노래

십자가 앞
무릎 꿇고 두손 모았다.
고개 숙여 성호 긋는데
이상하게 분노가 솟았다
하느님, 열심히 죽이십시오.

'일흔 일곱에 일곱을 곱하라'고
용서하셨는데
자리하고 누워있는 이들
어느 죄, 무슨 잘못입니까?
놓아 주십시오, 아니 놓으라고 하세요.

아무도 모른다.
이승길 손 놓을 때까지는
이곳이 천국인지 지옥인지
다시 마음 다해 두손 모았다.
조용히 들려오는 소리
하늘문 열리는 날까지

너희는 너희의 짐을 너희가 져야 한다.

내가 부르는 노래는 언제나
앞뒤도 없고 끝도 없이 이어지고
하루는 나의 노래보다 길지 않다.

또, 꿈꾸다

한해를 뒤로 하는
종소리 듣고
잠자리에 들었다
눈 뜬 아침

모든 것 달라지고
새로워진 것 없는 나와 주변
새날 새아침이라고들 한다.

그러기에 또 꿈을 갖는다.
지금껏 왔던 길 따라
별 찾아 나를 찾아
우리 찾아 긴 호흡으로
큰 빛되기를 꿈꾼다.

별들에게

무릎 꿇고 두 손 모은 수백 송이 꽃들이 검푸른 바다 속에서 서로 위로하면서 별들이 되어 하늘로 오른다. 꽃들아, 별들이 되었으니 이제 피눈물 흘리지 마라 우리들 지켜 보아라 용서가 최고의 사랑이라지만 죄값 치르고 벌 받는 것이 새세상 여는 길이니 우리들 죄값 참회하는 마음으로 달게 받겠다.

별들아,
아름다운 빛으로 다가와
아물 수 없는 고통 지니고 있는
우리들 깨닫게 하리라.

3

그분 오시는 날

두손 모아 올리는
마음 기도는
“무엇 해 주세요”
“무엇 해 주십시오”

시간 죽이며 세월 놓고 살아
언제나 오늘 같았다.

한 세월 보내고 나서야
지금 다시 두손 모아 올리는 기도는
사람이 사람이기를…….

그분 오시는 날

빛

흐렸다 개였다 천둥번개
심술부리는 날씨
팔 벌린 나무들 긴 울음소리 내고 있다.

검은 리본 달고 외투깃 세운 사내
그림자 만들면서 빠른 걸음

때로 파랗게, 때로 검붉게
어느 쪽이 안이고 밖인지
안과 밖 빛으로 그어 놓았다.

숨소리조차 들리지 않는 공간에서
지극히 낮은 마음 되는 것은
아직은 살아 움직이고 있다는 것이다.

검은 리본 위에 내려앉은
눈 시리게 그어지는 빛

기도

두손 모아 무릎 꿇었지만
무엇을 위해 누구를 위해
알 수 없는 회오리가 휘휘 일고
먹먹한 마음
마냥 십자가 올려다볼 뿐

고통은 받아야 할 우리 벌이고
통회는 사랑이라는 것을
나쁜 놈 벌주세요.
이렇게 주문처럼 외웠는데

우리 모두를
사랑 안에 놓아 두셨다.

파초와 박태기나무

열두 봉 병풍 두른 청량사
살며시 지나는 바람에도
고요 깨우며 풍경 흔들리고 있다.

스님 독경소리
지장보살 부르며 중생 구하는데
법당 마당에 파초와 박태기나무
세상일 벗어내고 벗어내는 것이
남는 것은 공空이라고 일러주고 있다.

피보다 진한
붉은 꽃들 피어내는 것은
가롯유다 세상을 바꾸었다고
은전 흩으면서 목매었음을
산 속 절 울리고 있다.

기다림

13분이면
내가 타야 할 차가 온다.

이렇게 기다림은 예나 지금이나 순리대로 이어진다. 기다림이 있기에 약속을 하고 미래를 꿈꾸며 희망을 갖는다. 기다림이 있기에 먼 기억속의 즐거움을 찾아내고 그리움 가슴에 담으며 살아가는 법을 터득한다.

어제와 다르지 않게 오늘과 내일도…….

빨래 건조대 앞에서

장마 끝나자
내리쬐는 불볕더위 껴안고
시끄러운 마음 지우려고
빨래통 돌렸다.

팍팍팍 주름 펴 널어둔 옷가지들
큰 아이 청바지 불볕 받아 안았다.
청치마, 통바지, 원피스, 침대 깔개, 수건들
뜨거운 불볕 받아내고 있다.
탁탁툭툭, 다시 주름 펴 널어둔 옷가지들
여름은 더워야 한다던데 그림자 보이지도 않고
콧등 치며 퍼져오는 그리움으로 걸려진다.

빨래들 세상의 어지러운 이야기
말끔하게 털어내었다고 하늘 보는데
"여름은 더워야하고, 겨울은 추워야한다."
누군가 중얼거리고 있다.

이제야 겨우

수없이 주어졌는데 그냥 받았다.
일 년에 한번, 이 때 만큼은
금수저 흙수저
차별 없이 주어졌는데
고맙고 귀하다는 것 몰랐고
목 쳐들고 어깨 올리지 않아도 되고
사람과 사람이 어울려 웃을 수 있는
삼백육십오일 이 큰 선물
탓하지 말고 울지 말자.
지금부터 알뜰살뜰 받아안아
아름다운 꽃 함께 피워
허리 펴 서로 보고 웃는
토실토실한 열매 맺어야지
이제야 겨우 알았다.

작은 행복·1

어느 결혼식장에서 트럼펫 엔젤 꽃모종 받아다 화분에 심어놓고 트럼펫 엔젤, 트럼펫 엔젤 노래 부르며 물을 주었다.

아침저녁 마주하고 앉아 위로 쭉쭉 곧게 오르라고 대를 세우고 햇볕 고루 받으라고 이리저리 돌려놓았다. 줄기는 굵고 잎은 넓적하니 볼품 없었다.

어느 날 새벽녘 베란다 쪽이 환하다. 유성기 모양의 큰 트럼펫 엔젤, 내가 키워내었다고 전화통에다 수다 떨며 하루 보냈다.

작은 행복·2

하늘 구름 한 점 없이 맑다. 거실 안으로 넉넉하게 들어오는 햇살 코 끝에 와 닿은 커피향, 가을이 내렸다고 알려주고 있다. 어느새 마음은 형형색색 팔색조, 단발머리 아이 까르르 웃으며 가을 안으로 풍덩 빠져 들고 있다. 어디든지 무엇에든지 마냥 풍덩 빠져들고 싶은 하루, 알싸한 공기에 취하고 차갑게 와 닿는 솔음 가을길 가고 있다.

어느 유성

추운 겨울날
문득 올려다 본 하늘
새벽안개 낀 바다처럼
고요하고 깊고 넓다.

종합병원 뜰 앞
부산하게 드나드는 사람들 속에서
긴꼬리별 하나 이어가면서 내리고 있다.
고요 속에 잠기어지는 얼굴
천국을 보았을까?

총총 쏟아지는 별들
부산한 사람들 발걸음
맑은 바람 앞세우고 있다.

밤바다

그대 아름다워라.
마음 한없이 넓고 깊어
그대에게 쏟아지는 별들 안으면
실타래에 촘촘히 얽힌 오랜 기억들
질그릇만큼이나 투박했던
우리의 마음들
그때가 지금 이만큼 와 있는데
오늘 하루 뜨거운 열기는
아직 밤하늘에 걸려
한여름 저녁 길게
그대에게 눕는다.

편지

자질구레한 하루일 끝내고 내 자리에 앉아 아주 오랜만에 답장을 쓰고 있다. 머리를 이리 기웃 저리 기웃 이리 저리 볼펜 돌리면서 마음 다스리기에 힘든 날이었다고 쓴다. 묵직하게 내려앉았던 하루 끝이 환하게 봄밤을 안긴다며 목련 꽃잎 떨어지는 소리 마음에 담아 띄운다.

한 통의 편지
노란 개나리가 되어
내 안에 활짝 피어나고 있다.

4

폭우

그 옛날
억세게 쏟아지는 비
비닐우산은 우산이 아니었다.
그래도 발 맞추어 걸으면서
깔깔대고 웃었다.

흠뻑 젖은 하루
얼씬도 못했다,
감기란 놈

튼실한 댓살 우산
비옷, 나를 보호해 주는데
무엇에 쫓기듯 종종걸음에
헛웃음만 나온다.

옛집

매미 따갑게 울면
줄기차게 이어지는 더위
모두 열기에 녹아 내려앉으면
옛집이 그립다.

대청마루에 돗자리 펴고
대나무 발 길게 내려
물고기 뛰어노는 둥근 부채 들고
얼음 띠운 수박 한 그릇
등허리 땀 어느새 자자진다.

앞마당 담쟁이 기어오르며
한낮의 열기 받아내고
단풍나무, 무화과나무, 치자나무
저녁 열기 가라앉히며
저녁별 돋아날 때 뒷뜰에서
등물하며 웃던 그 옛집

오래된 노트

별의 별것들, 모두 살아 있는 누렇게 뜬 오랜 노트를 폈다. 귀한 대접을 받고 있는 섹스피어 웃고 있다. 주홍 글씨의 너대니얼 호손, 글로벌 시대에 누가 누구 가슴에 여자 아닌 남자 서로가 서로에게 손가락질해대고 있다.

들뜨는 마음
붉은 가을 담쟁이잎
노트에 숨겨둔 머슴애
해맑게 웃고 있는데
좀벌레 사랑 쪼아 먹고 살았다.

나들이·1

*

하루가 다르게
나무와 꽃들
색깔대로 드러내자
너도 나도 들뜨는 마음.
병풍처럼 둘러진 산사
다사로운 햇살 아래
오리동 양지마을
동제미술관 간다.

**

수헌(水軒) 김 화백 희수기념 수채화전

「수리덤 계곡」
물 흐르는 소리 불러들인다.

「정물·2」
하얀 식탁보 위에 놓인 감 사과 석류가
한 절기를 이야기하고

「정물·3」
항아리 뚜껑 위에 걸쳐진
여기 저기 봄 오는 소리

「설산의 기억」
소리 없이 뉘엿뉘엿 저녁이
여러 색깔들 위에 길게 내려앉으며
너와 나 한자리에 모은다.

나들이·2

무더위 이어지는 여름날
중생들 빙 둘러 서 있는
금산사 보리수나무

나무 사이로 바라보는 하늘
더 없이 높으며 맑고 푸르다.
산사 숲속 바람일자 풍경이 울고
합장하는 마음
보리수잎 소리 없이 활짝 웃는데
넓은 푸른 잎 사이
주렁주렁 열린 노란 꽃술들
중생들에게 무엇을 말하려고 하는지
달콤한 향기 뿜어낸다.

그 향기 여섯 공양
어느 것일까 생각해보면
그 어느 것이 아닌 것 없다.

서로의 마음에 밝은 불 켜
속박에서 벗어나야하며
마음과 몸 단단히 해
오늘 따라 살아가는 우리 일이라고
보리수나무 위로 독경소리

많은 생각들 안고
무더운 여름날
산사를 걸었다.

나들이·3

햇볕 좋은 아침
변덕스러운 봄이
팔공산 자락 도학동에
희뿌연 구름 펼쳐놓는다.

골 따라 흐르는 계곡물
앞서거니 뒤서거니 서로 손 잡고
산새소리 고요 깨우는데
아직은 제 빛깔 다 나타내지 않은
들풀과 꽃들 야무지게 물 올리며
서로의 뿌리 다진다.

하루를 놓아둔 아낙네 들뜬 마음
서로의 마음 잡아주며
내려앉는 구름 속 하늘 향해
늘 푸른 마음이기를 바라며
환하게 웃는다.

한여름비

통, 통, 통,
창으로 떨어지는 빗소리
마음 설렌다.

솔음에
한 사람은 왼쪽 어깨
또 한 사람 오른쪽 어깨
흠뻑 젖어도 싫지 않았다.

한여름비
추억 속에 놓여 있다.

바닷가 사람들

수성당 할미
웃고 있는 돼지머리 앞에서
한마당 뛰기 시작했다.

비릿하면서도 향긋한 바다 바람
온몸에 와 감기면
어둠이 가시기도 전에 나가는 어선들
크고 작은 항구 활기를 찾는다.

바다는
모든 것 내어준다고 믿는 사람들
바다처럼 검푸른 핏줄 세우고
햇살은 은빛을 항구에 쏟아내면
기다림은 만선이다.

다시 수성당 할미
시퍼런 돈 물고 있는 돼지머리 앞에서
울긋불긋 큰 대 흔들며

큰 소리 올리고 엎드린다.
바다는 깊고 높게 들어왔다 나가면서
토하고 삼키기를 되풀이한다.

물속의 속내를 아는 바닷가 사람들
너도 나도 푸른 정맥을 자맥질한다.
그 옛날, 그 옛날부터 지금까지
끝없이 풍요로움을 품어내는 곳

검붉은 구리빛 얼굴들이 웃고 있다.
손마디 굵어진 아낙들 손놀림이 황홀하다.
왁자지껄 항구에 들어차고
수화 같은 손놀림 이어지면
바닷가는 전쟁터를 연상케 한다.

대왕암에서

사람들의 잡다한 소리들
파도는 하얀 거품으로 쓸어간다.
쓸려간 소리들이 비릿함 몰고 와
다시 머릿속에 쏟아놓는다.

앙상한 나무 액자
희뿌옇게 떠오르는 생각들
벽에 걸어두고 보고 보아도
담겨진 의미 읽지 못했을 것이다.

쪽마루에 누워
라디오에 흐르는 노래
'널따란 밀짚모자' 듣는다.

대왕암 너머
파도가 다시 흰 거품으로
온종일 이어지고 있다.

관음 성지

보리암 보광전
스님의 염불과 목탁 소리
관람객 잡다한 소리와 발걸음에
남해 상주해수욕장 바다에 잠기고
'기도 중이오니 정숙하십시오'

나무 사만다 못다남 옴 도로도로 지미 사바하
나무관세음보살, 나무관세음보살
오가는 사람들 저희에게 가피를…….

스님의 청아한 독경소리
가을 햇살 받아 안고 펴지면
풍경이 바람에게 알리고
산새들 지저귐 화답 되어
옷깃 여미고 두손 모은다.

과메기

감포바다에 내려졌다.
엑스 자로 엮어 희뿌연 배를
숨겨진 낮달 위로 보이고 있는 과메기
아가리 쫙 벌이고 바베큐된 놈들
손님 기다리고 있다.

얼굴 예뻐 초등학교 졸업 후
젓가락집에 간 부영이가 웃고 있다.
가족들 먹이고 입힌 죄 밖에 없는데
만신창이 몸 어느 날 병원에서 마주쳐
온 가슴 쥐어 뜯으며 운다.

비릿함이 코 끝에 와 닿는다.
1960~70년대도 아닌 데 가는 곳마다
아가리 뻘겋게 쫙쫙 벌인 이상한 놈들이
젓가락 장단에 흐느적거리고 있었다.

바다가 크게 흔들렸다.

파도는 토악질해 내놓은 모든 것을
훑어갔다 부영이도,
희뿌옇게 남아있는 이상한 생각들까지
중저음 웃음소리
검푸르게 웃고 있다.

하늘과 맞닿은 밤바다

산을 오른다

바람이 세차다.
갖가지 나물 오곡밥 지어
영동할미 잘 대접했는데
산등성이 넘어야 한다.

옷깃에 스미는 바람 차갑다.
나무와 꽃, 풀들
속살 풀지 않으려 하는 것은
말들이 쏟아놓는 독성에
목이 조여서다.

피 흘린 소리에도 영근 열매 없고
물결, 물결, 물결,
걸러내지 못한 욕심들 발목 잡는다.

다시 산을 오른다.
간밤에 내린 비로
푸른 소나무들 다시 한 번

말끔히 세수하고 생기 품으면
눈바람 세찬 겨울 잘 이겨낸
새순, 새꽃이어야 한다.

가을산

헐티재 너머 각북 지나 청도
눈 시도록 파란 하늘 아래
단풍 드는 잎들과 함께 넉넉하게
가지 뻗어 늘어져 익어가는 감
바람에 일렁이는 억새들
뿌리는 언제나 있는 곳에 있다고
물이 용솟음쳐 용천사
합장하고 절하는 마음들
내려지는 햇살만큼이나 따사롭다.
너도 나도
그리움에 휘어지는 아픔 올리는데
풍경이 고요를 벗어내고
산사는 비워야한다고 이른다.

억새의 서걱이는 소리에
그리움 서리서리 안고
내려앉는 가을산

강가에 서서

금호강은
예나 지금이나 변하지 않고
위에서 아래로 흐른다.
바람은 서쪽에서 동쪽으로
물결을 이루고 있는데
어느 쪽으로 흐르고 움직이며
강물에게 바람에게 물어야할까

금호강 다리 위
작은 차가 버스를 앞지르고 있다.
앞지르는 것은 나도 너도 아닌
흐름이라고들 하는데
바람은 어느 쪽으로도 꿈짝하지 않는데
깊게 드리워진 그림자
물속에 거꾸로 서서
세상을 마주한다.

선물

밥상에 오른 김치가 눈길을 끈다. 민 파트장 얼굴이 웃고 있다. 낮달이 숨어서 보았고 느꼈다고 봄 가뭄에 가슴 조이는 여인을 한여름 뙤약볕 아래 작은 생명에게 물주며 잡초 뽑아내는 것 사랑이라 여름밤 벌레들이 함께 이야기 풀어내고 있다. 별들이 빤짝이면서 고랑과 이랑을 지키며 바르고 마음씨 착한 여인의 밭이라고 젓가락으로 한입 김치를 머금다. 자연의 바람소리 새소리 물소리 나무들 풀들 쑥쑥 일어서는 소리가 따가운 볕과 아물어 사랑의 열매 맛이 입안에서 돈다. 얼마 동안은 김치를 먹는 것이 아니고 따뜻한 마음, 뜨거운 사랑을 마음 깊이 받아 안는다.

다시 선물

말복 지나 한여름 조금 숨쉬기 나은데 다섯 살배기 손자 녀석 큰 소리로 "할머니, 아빠를 왜 이렇게 더울 때 낳았어요." 까르르 까르르 웃음소리, 어른들 서로 얼굴 바라본다. 할머니 미소 지으며 "시정아, 오늘 밤 자기 전 기도할 때 하느님께 물어보기 바란다."

그래 맞다, 맞아
하느님께서 여름 선물로 주신
가장 아름다운 선물
방안 가득 웃음꽃

5

줄서기

앞사람 어깨에 쭉 뻗은 두 팔, 닿을 듯 말 듯 앞으로 나란히, 오른쪽, 왼쪽, 뒤로, 어린이집, 유치원, 초등학교에서는 잘 했는데 무리 속에서 무리를 만들어내면서 언제부터인가 앞으로, 앞으로, 위로, 위로.

구름은 해보다 더 힘세다고 한다.
바람이 다시 구름을 밀어내면
가장 앞서가는 자가 되는가 보다.
살아가면서 앞서거니 뒤서거니
어깨 나란히 하면
낙오자 소리 듣는다고 떠드는 무리
앞으로 앞으로만 가는 외눈박이

안과 밖

후미진 구석에서
곧추세운 마음
어떤 뜨거움도 토하지 못했다.

또, 시간은
저녁을 받아들이고
어둠을 감싸안는다.
어느 것도 보이지 않는데
끝 모르고 간 마음
제 옷 입기 위해
얼마나 많은 산등성이
올랐는지 모른다.

구름이 해를 감추듯이 숨어드는 일
차례로 옷 벗으며 내려앉고 있다.
널뛰는 사내보다
고양이 야옹거리는 어릿광이
사랑스럽다.

발정이 계절 탓만 아니다.
살아 움직이는 본능인가
언덕과 늪을 지났다.

안과 밖
저 깊은 침묵의 문

내가 찍은 사진

낮 바람이 세차게 일고
구름 나직이 내려앉더니
하늘 끝자락에서 비 뿌린다.

사람들 저마다 우주복 입는다.
달리는 상자들 뿜어내는 매연
오고 감이 모두 분주함
첩보 영화의 한 장면 만들어낸다.

황사바람이 창틀에 뽀얗게 앉는다.
흙먼지 햇살 따라 오르고
말, 말, 말, 바람 따라
풍선처럼 펴오르면
짧은 호흡들
입마개하고 가슴앓이 한다.

비 그치고 바람 잔다
자투리 공터를 지난다.

코 끝에 확 와닿는 흙냄새
오래 이어온 우리 길이다.

아직 살아있는 그 빈터
나의 텃밭을 일군다.

아이가 되어

가족이 명명한 쉼터에 들어서니
모든 것이 고요에 잠겨 있는데
멀리서 들리는 새소리
조상님들께 증손까지 왔음을 알린다.

가을풀 잔디 향기 코끝 스치고
차례로 내려오면서 절 올린다.
무엇이 그리 급해 일찍 큰 별된 남동생 쉼터
옛 추억 씹어가면서 그리움 달래는데
사마귀 한 마리 상석 위로 기어오른다.
—잘못하면 눈이 먼다.
그 옛날 듣고 보고 익힌대도
가까이 가지 말라고 소리쳤다.

다섯 살 손자 엉덩이
하늘까지 치켜들고 사마귀 절하고 있다.

서로가

아이 마음이 되어
고요 깨트리는 웃음
환하게 쉼터 채운다.

하늘매발톱에게

지구도
제 몸의 모든 것을
쏟아내야만 살 수 있는지
이어지는 불볕더위

베란다에 있는
가장 여린 생명체
종이꽃 모자를 씌워
아침저녁 가만히 들여다 본다.

뿌리의 줄기에서
그 가지들의 잎사귀
하늘 향해 날고 싶은 마음이었나
하늘매발톱

찌는 무더위 속에서
날아오르듯 오늘도
하늘 향해 잎 넓혀가며

나도 모르게 허리 꼿꼿이 세우고
하루를 살아간다.

아픔

수업 도중 운동장 꽃밭에
힘없이 멀쑥한 큰다알리아꽃
비에 젖어 고개 숙이고
싱그러운 파초잎의 물방울
진주알로 떨어진다.

마음은 마냥 허허로운데
오드리햅번*을 생각하면서
구름 위 비행기를 본다.

날개 없이 비상飛上의 꿈으로
캔버스에 그림을 그린다.
필름처럼 이어져오는 그때 그 시간들
점점이 녹여진 꿈
노병의 훈장처럼 자리하고 있다.

* 「로마의 휴일」의 여주인공

무죄라는 것

복지관 문 열고 아줌마들 몰려나온다. 큰 길 시글벅적 왁자지껄 삼년, 삼년, 석삼년 긴 세월 장님 되었고 귀머거리 되어 입 열지 못한 장애인 어느 누구도 웃을 수 없는 순수다 가슴 켜켜이 들어찬 멍울 할 수 있는 것은 큰 소리로 떠들고 이야기하는 것

어떤 큰 소리도
그들에게 붙여질 수 있는 것은
우리는 무죄 올시다.

오늘도

그날 그때도 그랬다.
천둥번개 속 장맛비 억수로 쏟아졌다.
가족들 울음은 천둥소리가 가져 갔고
내 아픔은 번개가 받아쳤다.

오늘도
천둥번개 속에 장맛비 내린다.
세상 고통 끝낸 그대가
장하고 부럽다는 생각이 드는 것은
아직 남은 자들의 아픔은
아무도 모르기 때문이다.

언제나 하루가
맑고 밝은 날이기를
바라는 마음이다.

반복되는 일

아침 눈 뜨자 마자
오늘도 다르지 않다.
한 달의 끝에 서서

이 방 저 방 거실 욕실
집안의 모든 달력 한 장씩 뜯어낸다.
한 달에 한 번씩 되풀이되는 일이지만
다시 한 달의 생각을 담는다.

어제보다 오늘
더 기쁘게 웃을 수 있기를
새아침, 새하루의 꿈을 갖자.

붉은 우산

어머니 나라의 굵은 빗방울
베란다 창에 어머니 눈물같이 떨어지면
마음은 붉은 우산 쓰고 빗속을 간다.

비 오는 날이면
잿빛 치마 위에 분홍옷 입고
빨간 구두에 빨간 우산 쓰라고 한 어머니,
문 열고 빗속으로 어머니 찾아 나서며
숨겨두었던 우산 편다.

불꽃이 인다. 떨어져 나간 살 가지로
피 터지는 울음만큼 울려오는 아득한 소리
앞마당의 파초와 봉숭아 맨드라미만이 아니고
등허리에 서릿발 세우고
태초의 자궁 모든 것 받아안으며
길은 열어 가야 한다고
빗방울 더 굵어진다.

다시 붉은 우산 쓰면
마음은 화사한 옷 입어
그 속에 나를 놓아두고
내일을 본다.

가을을 담아오다

어느 시인의 시집 출판기념회
초대장 받고 한 주일 동안
갈까 말까 망설이다 마음속에
가을 담아오기로 했다.

모두가 알아주는 얼굴 되려고
모두가 부러워하는 이름 남기려고
모두가 꿈꾸는 자리에 앉으려고
가을 시간을 꿰고 있는 생동감
조금은 우스꽝스럽다는 마음이 들었지만
우리가 사는 보편적 모습으로 생각하니
그런대로 마음이 편했다.

낯선 곳 이방인 되어서
이제 막 물들어가는 무수한 인연들
큰 잎, 작은 잎, 누워있는 들풀까지
마음에 담아 안고 왔다.

시인이 가는 길

밤 사이 눈비 내렸는데
봄날처럼 포근하다.

프란치스코 성인의 길 열어
언 땅 녹이며
시인 가는 길 위로한다.

하늘이 일찍 부르신 것 보면
그는 하늘에서도
저 바다에 누워*
노래하는 자로 쓰시겠지.

모두가 황망한 마음이어서
말없는 소리 서로 껴안는다.

* 박해수의 시에서

눈물

흰 벽 안에 있는 사람은 말이 없다.
모르는 것이 좋은 것이 되는 게 많은데
이것 저것 아닌 얼치기에 쌓여
매달린 욕심 빈 껍질
알 수 없는 내일보다
옛날로 돌아가고 픔이 있기에
손톱 깨물어 본다.

놓아두자 떨어지는 눈물
흰 벽 안의 사람이 웃고 있다.
이제 눈물 담은 그대로
어지러운 하루 환해지며
마음이 밝아진다.

| 해설 |

신생의 시간, 혹은 별의 이데아

박진형(시인)

1. 새해와 새봄, 그리고 시간의 감옥

김정실 시인의 첫시집 『시간꽃이 피었네』를 읽으면서 나는 시란 무엇인가하는 질문에 맞닥뜨린다. '시란 무엇인가'하는 명제는 즉 '삶은 무엇인가'하는 답변이라 여겨진다. 서정시의 덕목은 시인의 주관적 생각과 감정이 때로 나의 이야기처럼 느껴지는 감정의 공유에 있는 것이 아닐까 싶다.

김정실 시인은 시에 대해 "그 옛날에는 몰랐는데/세월 지나 이제야 그 새순들/생의 시작(「새순」)"임을 알겠다고 은연중에 고백하고 있다.

김 시인은 교직에서 평생 학생들을 가르치다 퇴직하였다. 이후 2003년 《대구문학》, 2008년 《에세이스트》 신인상을 받아 수필가로, 2013년 《국제문예》 신인상으로 시인으로 등단하였다.

첫시집 『시간꽃이 피었네』의 서시를 읽어본다.

> 내가 봄날이었을 때 문 밖 저쪽에 꽃들이 있는 줄 알았다. 내가 토한 빛에 물들어 꼬물꼬물 기어나오는 모습, 색깔의 물결 타고 서성이면서 시간꽃 피었다.

> 왼쪽 가슴에 손수건 달고
> 여덟 살배기 아이도 아닌데
> 손목 잡히어 들어서는
> 쿵광쿵광 심장소리 들려오는
> 노란 봄날이었다.
> —「봄날」 전문

「봄날」을 읽으면 코찔찔이 아이적 왼쪽 가슴에 손수건을 달고 국민학교 입학식을 하였던 공통의 기억이 아련하게 떠오른다.

김 시인은 산문집 「다가서기」에서 "초등학교 입학을 앞두고 군청색 주름치마에 윗저고리를 만들어 무려 석 달을 벽에 걸어 옷 덮개로 덮어 두었다. 왼쪽 가슴에 큰 손수건을 달고 엄마 손잡고 넓은 운동장의 학교 교문을 들어설 때 그 설레던 마음은 지금도 가슴을 두근거리게 한다."고 진술하고 있다.

"쿵쾅쿵쾅 심장소리 들려오는/노란 봄날이었다."라고 어린 날의 설레이던 시간을 환기시킨다.

창조주 세상 문 여시고
소복소복 쌓이는 함박눈
새날 새아침 주셨는데
새벽 알리는 깨끗한 소리

웃는 마음 웃는 얼굴로
서로가 서로 사랑하게 되어
다독거려 쌓아온 꿈들 찾아가는데
힘찬 날개짓 열어주고 있다.
—「새해 아침」에서

김 시인은 많은 나이에도 불구하고 "너 안에 나/그 안에 우리" 앞에 "어제보다 오늘 더 기쁘게 웃을 수 있기를/새아침, 새하루의 꿈을 갖자."(「반복되는 일」)고 새해, 새날, 새봄, 새순 등의 언어를 통해서 신생의 시간을 영접한다.

그러나 이런 신생 시간의 대척점에 「코로나 감옥」이 있다. "봄 마냥 설레는 마음인데/코로나19 이름 예뻐 새로 나온/신종 자동차 이름인줄 알았는데/사회적 거리두기로/창살 없는 감옥 만들었다."고 일갈한다.

2020년, 코로나19라는 미증유의 질병으로 전 세계인들의 삶의 양상이 많이 달라졌다. 우리나라도 예외는 아니었다. 비대면을 지칭하는 언택트(Un-tact)는 코로나19가 초래한 사회적 거리두기와도 밀접한 관계가 있다. 언택트의 시대에서 직접 소통은 거의 불가능한 일이다. 본다는 의미는 휴대폰 화상 등 통신수단을 통해 창살없는 감옥을 실감한다.

"지구는 지구대로/우리는 우리대로/떨어질 수 없는 너와 나/서로 살겠다"고 감옥아닌 코로나 감옥에 갇혀서 살고자 바둥거렸다.

김 시인은 이런 악조건의 삶인 "지구촌 한쪽 전쟁의 포화 속에 봄햇살 보다 더 따뜻한 손길에 울컥"(「씨앗 한 알」)하거나 "봄이 온다고 설레는 소리 들으며/의사에게 받아든 진단서/(……)//선배 만나서 헛소리 아닌 헛소리 읊었다./돌아오는 조용한 대답"은 "우리 집 매화가 조금 일찍 피었다"고, "그대 봄앓이도 이르다고/그럼 살아 있다는 증거"라고 토로한다.

그러나 "생강나무/산수유 개나리/잎 나오기 전/서로가 먼저라고/바람에게 알리며"(「봄길」) 봄의 미묘한 낙차는 '희망의 빛'으로 온다고 시인은 확신한다.

봄의 시간을 기다리는 일, 그것은 매화가 핀다는 사실이 몸과 마음에 몸살이 아니겠는가.

2. 회상의 동화적 시간

김 시인의 시를 일별해보면 동화적 상상력을 매개로 한 시편으로 「아이가 되어」, 「할아버지 말씀」, 「할머니 말씀」, 「작은 행복·2」 등의 가편을 들 수 있다.

「아이가 되어」는 가족의 쉼터로 명명한 묘원에 다섯 살 손자까지 4대가 한자리에 모여 조상님들께 알린다.

가을풀 잔디 향기 코끝 스치고
차례로 내려오면서 절 올린다.
무엇이 그리 급해 일찍 큰 별된 남동생 쉼터
옛 추억 씹어가면서 그리움 달래는데
사마귀 한 마리 상석 위로 기어오른다.
—잘못하면 눈이 먼다.
그 옛날 듣고 보고 익힌대도
가까이 가지 말라고 소리쳤다.

다섯 살 손자 엉덩이
하늘까지 치켜 들고 사마귀 절하고 있다.
—「아이가 되어」 부분

어린 화자를 통해 순진무구의 동심을 목도하고 있다. 흔히 어른들은 사마귀를 만지면 자칫 '눈이 먼다'고 말하지만 상석 위로 기어오르는 사마귀 모양을 흉내낸 어린 손자는 엉덩이 "하늘까지 치켜 들고/사마귀 절"하는 모습을 보면서 숨겨진 화자(시인)를 발견한다. "서로가/아이 마음이 되어/고요 깨트리는 웃음/환하게 쉼터 채운다."고 가족들은 쉼터인 묘원에서 가을나들이를 즐긴다.

또한 시인은 어릴 적 겨울, 화롯불에 옹기종기 앉아 문풍지 바람소리 들어가며 손자들에게 할아버지, 할머니가 들려주시던 이야기 보따리를 풀어놓는 겨울밤의 정겨운 추억을 시화하고 있다.

> 떨어진 잎들 제 갈 길을 잃고 그대로 뒹굴면서 밟히고 있다. 바람이 세차다, 창틀이 울고 있다. 겨울이 저물어들고 있는가 보다. 할아버지 화롯불에 옹기종기 앉아 문풍지 바람소리 들어가며 들었던 이야기 "세상에서 가장 무서운 것은 무엇인지 아냐" 어깨를 귀밑까지 올린 두 남동생 "호랑이, 사자, 여우, 늑대, 도깨비, 머리 풀어헤친 귀신" 나는 목까지 이불을 끌어올렸다.
>
> —「할아버지 말씀」 부분

> 화롯불에 넣어둔 인두
> 푸푸 두어 번 물 뿜으며
> 저고리 동정 깃 소매 끝 다리며
> 오래 입을 수 있겠구나
> 부젓가락으로 다독다독 불 덮으며

바람이 불 적마다
세상은 한 번씩 안개 속이 되어
서로에게 목청을 세웠다.
그 옛날이나 지금에도
—「할머니 말씀」 부분

시인은 이처럼 생을 마주하는 모든 시간에 주목한다. 아버지와 어머니를 비롯한 가족간의 끈끈한 정과 형제의 죽음을 통해 생의 깨달음을 시화하고 있다. 할아버지, 할머니의 말씀 그 뜻이 일생을 살아가는 자산이 된다. "초롱초롱 눈망울 말똥말똥 서로 얼굴 쳐다보며 좌우로 머리 돌리며 입은 쫑긋 손은 화롯불에 녹였는데 이제서야 알겠다."고 할아버지 말씀을……. 또한 "따뜻한 안방 아랫목 검은 보자기 덮어쓴 콩나물시루 살짝 걷으면서 손자 어르듯 물"을 주면서 할머니는 토실토실 쑥쑥 콩나물이 자라듯 손자들이 무탈하게 자라라고 할머니는 간곡하게 빌고 있다.

이제 김 시인은 어린날 조부모님을 추억하면서 "하느님께서 여름 선물로 주신/가장 아름다운 선물"인 옛날이나 현재도 아이들은 방안 가득 웃음꽃인 손녀에게 이어지는 가족간의 끈끈한 유대감, 동화적 상상력을 활용하여 담담하게 추억의 시의 보자기를 풀어놓는다.

3. 별, 이데아의 꿈, 혹은 기원

지금 우리의 현실은 팍팍하다. 작금의 부정선거를 밝히겠다는 탄핵정국에서 우리네 삶이 참담할수록 밤하늘에 떠있는 별을 우러르며 위안과 기원을 드리는 마음 간절하다.

"이데아론은 플라톤이 처음 주장한 형이상학 이론이다. 플라톤에 따르면, 이데아론에서 이데아는 현상 세계 밖의 세상이며 이데아는 모든 사물의 원인이자 본질이다. 예를 들면 인간의 이데아는 현실 세계의 인간에 대한 원인으로, 인간의 이데아가 있기 때문에 현상 세계에 인간이 실재하는 것을 들 수 있다. 플라톤은 인간이 현실세계로 오면서 레테의 강을 건너게 되어 이데아 세계에 대한 기억을 상실하여 이데아를 기억해 내지 못한다고 주장한다(위키백과에서)."

별은 선지적 이데아의 꿈을 꾸게한다. 별은 인간에게 선지적인 별의 기억을 찾아 들려준다. "동방의 박사 우물에 비치는 별자리를 보고 순례길"을 떠나듯 「별을 보며」를 따라가 보자.

> 점성술사들 별자리로 하늘과 땅 하나로 이루어져 있다고 했다. 세 사람의 동방박사 우물에 비치는 별자리를 보고 순례길 떠났다.

국자모양의 별자리를
우리는 북두칠성이 말하고
중국은 나무쟁기라고 불렀고
유럽인들은 짐수레 마차라 이름 붙여
서로들 우주의 기운 받아들여
간절한 마음으로 소원 빌었다.

가을밤 별들을 바라보며
무엇을 어떻게 청할까
마음과 생각은 깊어만 가는데
어느새 개밥바라기별이
나를 내려다보고 있다.
—「별을 보며」 전문

무릎 꿇고 두 손 모은 수백 송이 꽃들이 검푸른 바다 속에서 서로 위로하면서 별들이 되어 하늘로 오른다. 꽃들아, 별들이 되었으니 이제 피눈물 흘리지 마라 우리들 지켜보아라 용서가 최고의 사랑이라지만 죄값 치르고 벌 받는 것이 새세상을 여는 길이니 우리들 죄값 참회하는 마음으로 달게 받겠다.

별들아,
아름다운 빛으로 다가와
아물 수 없는 고통 지니고 있는

우리들 깨닫게 하리라.
—「별들에게」 전문

별을 찾아가는 동방박사의 순례길에서 "가을 밤하늘 별들을 바라보며/무엇을 어떻게 청할까"라고 청원한다. "어느새 개밥바라기별이/나를 내려다보고 있"는 "아름다운 빛으로 다가와/아물 수 없는 고통 지니고 있는/우리들 깨닫게 하소서."라고 시인은 개밥바라기별에게 기원한다.

또한 "별을 우러르며//한 세월 보내고 나서야/지금 다시 두손 모아 기도 올리는/사람이 사람이기를……."(「그분 오시는 날」에서) "우리 모두를/사랑 안에 놓아 두셨다."고 간곡하게 기도를 올린다.

두손 모아 무릎 끓었지만
무엇을 위해 누구를 위해
알 수 없는 회오리가 휘휘 일고
먹먹한 마음
마냥 십자가 올려다볼 뿐

고통은 받아야 할 우리 벌이고
통회는 사랑이라는 것을
나쁜 놈 벌주세요.

이렇게 주문처럼 외웠는데

우리 모두를
사랑 안에 놓아 두셨다.
—「기도」 전문

김 시인은 시집에서 보면 기독교와 불교를 자유롭게 드나들면서 종교간의 경계를 허물고 있다 하겠다.

상주해수욕장을 내려다 보며 남해 보리암을 오른다. 염불과 목탁소리를 들으며 "기도 중이오니 정숙하십시오"라는 안내문을 보면서 보광전을 들른다. 「관음 성지」에 진언으로 "나무 사만다 못다남 옴 도로도로 지미 사바하"와 "나무관세음보살"이 있는데, 이 진언을 통한 불심은 시인 자신이 기대는 시의 항심이자 마음의 소리로 가닿는 주문이 되기도 한다.

보리암 보광전
스님의 염불과 목탁 소리
관람객 잡다한 소리와 발걸음에
남해 상주해수욕장 바다에 잠기고
'기도 중이오니 정숙하십시오'

나무 사만다 못다남 옴 도로도로 지미 사바하

나무관세음보살, 나무관세음보살
오가는 사람들 저희에게 가피를…….

스님의 청아한 독경소리
가을 햇살 받아 안고 펴지면
풍경이 바람에게 알리고
산새들 지저귐 화답 되어
옷깃 여미고 두손 모은다.
—「관음 성지」 전문

화자는 부처의 설법을 "나무 사만다 못다남 옴 도로 도로 지미 사바하"와 "나무관세음보살"로 되새기며 수시로 찾아드는 탐심을 물리치고 부처의 가피를 기구한다.

시는 무엇일까? 끊임없이 시는 현실과 세계에 대한 해석이어야 한다고 나는 믿고 있다. 그런 의미에서 김정실 시인의 『시간꽃이 피었네』의 마지막 시 「눈물」을 읽으면서 가슴이 울컥해졌다. 신산의 생을 다 거쳐온 시인의 일생이 "매달린 욕심 빈 껍질/알 수 없는 내일보다/옛날로 돌아가고 픔이 있기에/손톱 깨물어 본다."라고 마음이 온전하게 발효되어 시 속에 자연스레 녹아 있기 때문이었다.

흰 벽 안에 있는 사람은 말이 없다.
모르는 것이 좋은 것이 되는 게 많은데
이것 저것 아닌 얼치기에 쌓여
매달린 욕심 빈 껍질
알 수 없는 내일보다
옛날로 돌아가고 품이 있기에
손톱 깨물어 본다.

놓아두자 떨어지는 눈물
흰 벽 안의 사람이 웃고 있다.
이제 눈물 담은 그대로
어지러운 하루 환해지며
마음이 밝아진다.
—「눈물」 전문

시의 핵심은 언어적 아름다움의 탐구가 아니라 존재 자체에 있다. 시는 존재이고, 존재는 직관이며, 전체적으로 포착해야 한다. 존재는 분석하는 머리 앞에서는 사라진다. 시는 직관은 상상력이기도 하고 공감이며 이에 상응하는 능력이다.

나는 주저 없이 김 시인의 「눈물」이 좋은 시의 전범이라고 말하고 싶다. 이 시에 담긴 정취와 향기, 울림 때문이다. 정취와 울림도 존재로부터 나오는 것이므로 머리가 아닌 가슴으로 받아들여야 한다.

그러므로 "놓아두자 떨어지는 눈물/흰 벽 안의 사람이 웃고 있다."라는 시행은 결국 "이제 눈물 담은 그대로/어지러운 하루 환해지"며 비로소 우리의 생도 밝아지기 때문이리라.

만인시인선 73
시간꽃이 피었네

초판 인쇄 2025년 3월 10일
초판 발행 2025년 3월 15일

지은이 / 김 정 실
펴낸이 / 박 진 환

펴낸 곳 / 만인사
출판등록 / 1996년 4월 20일 제03-01-306호
주소 / 41960 대구광역시 중구 명륜로 116
전화 / (053)422-0550
팩스 / (053)426-9543
전자우편 / maninsa@daum.net
홈페이지 / www.maninsa.co.kr

ISBN 978-89-6349-195-0 03810

값 12,000원

만/인/시/인/선

1. **이하석** 시집 | 高靈을 그리다
2. **박주일** 시집 | 물빛, 그 영원
3. **이동순** 시집 | 기차는 달린다
4. **박진형** 시집 | 풀밭의 담론
5. **이정환** 시집 | 원에 관하여
6. **김선굉** 시집 | 철학하는 엘리베이터
7. **박기섭** 시집 | 하늘에 밑줄이나 긋고
8. **오늘의 시 동인** | 「오늘의 시」 자선집
9. **권국명** 시집 | 으능나무 금빛 몸
10. **문무학** 시집 | 풀을 읽다
11. **황명자** 시집 | 귀단지
12. **조두섭** 시집 | 망치로 고요를 펴다
13. **윤희수** 시집 | 풍경의 틈
14. **장하빈** 시집 | 비, 혹은 얼룩말
15. **이종문** 시집 | 봄날도 환한 봄날
16. **박상옥** 시집 | 허전한 인사
17. **박진형** 시집 | 너를 숨쉰다
18. **정유정** 시집 | 보석을 사면 캄캄해진다
19. **송진환** 시집 | 조롱당하다
20. **권국명** 시집 | 초록 교신
21. **김기연** 시집 | 소리에 젖다
22. **송광순** 시집 | 나는 목수다
23. **김세진** 시집 | 점자블록
24. **박상봉** 시집 | 카페 물땡땡
25. **조행자** 시집 | 지금은 3시
26. **박기섭** 시집 | 엮음 愁心歌
27. **제이슨** 시집 | 테이블 전쟁
28. **김현옥** 시집 | 언더그라운드
29. **노태맹** 시집 | 푸른 염소를 부르다
30. **이하석 외** | 오리 시집
31. **이정환** 시집 | 분홍 물갈퀴
32. **김선굉** 시집 | 나는 오리 할아버지
33. **이경임** 시집 | 프리지아 칸타타
34. **권세홍** 시집 | 능소화 붉은 집
35. **이숙경** 시집 | 파두
36. **이익주** 시집 | 달빛 환상
37. **김현옥** 시집 | 니르바나 카페
38. **도광의** 시집 | 하양의 강물
39. **박진형** 시집 | 풀등
40. **박정남 외** | 대구여성시 20인선집